Sophie JEANNERET

LA PARENTHÈSE
(L'apparente aise)

« Le Code de la propriété intellectuelle et artistique n'autorisant, aux termes des alinéas 2 et 3 de l'article L. 122-5, d'une part, que les « copies ou reproductions strictement réservées à l'usage privé du copiste et non destinées à une utilisation collective » et , d'autre part, que les analyses et les courtes citations dans un but d'exemple et d'illustration, « toute représentation ou reproduction intégrale ou partielle, faite sans le consentement de l'auteur ou de ses ayants droit ou ayants cause, est illicite » (alinéa 1er de l'article L.122-4). Cette représentation ou reproduction, par quelque procédé que ce soit, constituerait donc une contrefaçon sanctionnée par les articles 425 et suivants du Code pénal. »

Copyright © Sophie Jeanneret, 2016
Tous droits réservés
Édition originale
ISBN 978-2-9558726-0-4
Adresse mail : laparenthese8@gmail.com

PRÉFACE

Je m'installe confortablement et découvre les premières lignes de La Parenthèse. Je plonge rapidement dans l'histoire et me laisse entraîner dans un récit aux allures dramatico-fantastiques.
Au fil des pages, mon coeur s'emballe et je retrouve peu à peu mon regard d'enfant...
Les personnages, les décors, les scènes me procurent émotions mais aussi révélations !...

Qui donc n'a jamais rencontré d'épreuves dans sa Vie ? Des épreuves jugées parfois si insurmontables que l'envie de baisser les bras en est la seule issue ?
Qui donc ne s'est jamais retrouvé seul face à ses doutes et à son désespoir ; accablé par une Vie semblant dénuée de sens, trompé par des fausses certitudes ?

En parcourant les pages, j'assiste émerveillée au lever d'un voile sur une autre réalité, celle d'une Vie dépourvue d'apparence, celle d'un Être enfin devenu **LUI**.

Je peux maintenant refermer La Parenthèse et poursuivre mon chemin le coeur léger, enrichie de cette expérience. Mon coeur a compris : je sais comment l'ordinaire peut devenir extraordinaire !

Un grand merci à Sophie pour ce cadeau de Vie, cette fleur déposée sur mon chemin...

Que ce récit éclaire la route de ceux pour qui les apparences ont pris trop d'importance ; qu'ils sachent que la Vie est belle pour peu qu'ils la regardent avec les yeux du coeur !

Je souhaite sincèrement que La Parenthèse qui s'ouvre à vous maintenant, vous mène sur le chemin du coeur, celui-là même qui vous offrira ce nouveau regard sur la Vie afin que l'impossible devienne enfin possible.

Paraître ou renaître : tout est question de choix...

Christine

« Quelques fois le temps est si clément qu'il y a presque une parenthèse qui s'ouvre entre nous et le non-sens de ce monde. Je crois que c'est aussi entre parenthèses que le hasard nous parle le mieux, qu'il apporte ses précisions indispensables, son faisceau de recoupements qui amuse notre errance. Il faut juste une lecture attentive, ne pas sauter de lignes. »

Valérie BORONARD - Les constellations du hasard

IL s'avance prudemment.
Un pied devant l'autre.
Ses semelles glissent sur la pierre. Elles semblent peser des tonnes. Le lourd fardeau qu'**IL** avait sur ses frêles épaules a fini par descendre...

Surtout, ne pas glisser !
Enfin...
Pas tout de suite.
Lui qui a tout raté dans sa vie, **IL** voudrait bien réussir sa sortie. Glisser maladroitement avant que lui et lui seul ne l'ait décidé, serait encore un coup du destin...
Toute sa vie, **IL** lui a semblé subir plutôt que vivre.
Subir ses parents.
Subir ses études.
Subir ses amours infidèles.
Subir son travail.
Subir ses allergies.
Subir les autres.
Subir lui-même.

Pour une fois où il a l'impression de tenir les rênes...
Il serait de bon goût que tout se passe selon ses propres plans !
Donc, tomber avant de sauter : c'est NON !!

Encore un bon mètre cinquante avant de se trouver, selon ses calculs, au plus haut du pont, correspondant au plus bas niveau de l'eau.
12 mètres de hauteur de pont.
1 mètre 50 d'eau.
Le faible niveau d'eau ne se rencontre que quelques jours dans l'année.
C'est ce soir ou jamais !

Encore 80 centimètres...
En chaussant du 42 et en avançant un pas devant l'autre, **IL** se trouvera au bon endroit, au bon moment dans combien de temps ?

L'endroit...
IL l'a repéré depuis longtemps déjà.
IL a tout calculé. Et **IL** a même fait un repère. Une marque jaune fluorescent.
Aucun risque de se tromper.
Aucun risque de rater la marque.
Aucun risque de rater le plongeon.
Aucun risque de se rater.
Tête la première.
Statistiquement, c'est mieux.

IL a tout prévu.

Plus que 70 centimètres...

IL avait bien vu que l'accès à la piste d'envol n'était pas direct. Mais **IL** ne pensait pas mettre autant de temps...
Il faudrait pourtant respecter le timing... À trois heures du matin, il n'y a que très peu de trafic. Peu de chance donc, qu'un automobiliste s'arrête pour lui sauver la vie en lui sabotant sa mort.

Partir pour ne plus avoir à rester ?
Partir pour découvrir autre chose ?
Partir pour ne plus souffrir ?
Partir sans revenir !

D'où ces innombrables calculs...
12 mètres, 1 mètre 50, 3 heures, 93 kilos, pointure 42.
IL aurait pu jouer ces numéros au loto. Avec son bol habituel, **IL** aurait gagné ! Gagner ce qu'**IL** a toujours désiré au moment où **IL** ne peut plus en profiter...
IL n'a pas besoin de ce coup de grâce supplémentaire !

Plus que 30 centimètres...

S'**IL** avait chaussé du 46, un seul pas aurait suffit !
Un 42... Ça fait à peine 27,5 centimètres !

Jusqu'au bout !
Son calvaire aura duré jusqu'au bout !
Maudits pieds ! Ils l'ont toujours pénalisé...
Chausser du 42 quand on mesure 2 mètres et 2 centimètres, c'est défier les lois de l'équilibre !!!

Bon, 30 centimètres, ça fait une chaussure pointure 42 et un quart de poil d'espadrilles...

IL voit la marque jaune.
Un phare dans la pénombre.
Celui-ci va lui permettre de s'échouer, de sombrer, de plonger dans l'abîme...
C'est long.
Un quart de poil d'espadrilles.
Ça ne paraît pas comme ça, mais quand sa propre mort tient à si peu...

La marque jaune scintille de mille feux. Elle s'est parée de sa plus belle robe pour fêter l'événement.
IL la regarde.
IL la vise.
IL ne voit plus qu'elle.
Il ne distingue plus le noir qui l'entoure.
Le noir qui l'emprisonne au quotidien.
Le noir du regard des autres.
Le noir de son propre regard.
Son regard sur la vie.
Son regard sur l'amour.

Son regard sur la nuit.

Plus rien ne scintille au fond de lui.
Plus rien ne vibre.
Pas même son propre prénom. Depuis longtemps déjà, aux yeux des autres, il est devenu « **IL** ».
Invisible, insipide, inintéressant, insignifiant...
Juste « **IL** ».
Deux lettres pour résumer une existence vide.
IL se sent coquille de noix vide.
...Qui va bientôt rencontrer le casse-noix !
On peut facilement concevoir qu'une noix pleine puisse ressentir en pareilles circonstances une certaine anxiété. Une noix vide n'a, par contre, a priori, rien à craindre !
Elle va juste passer de vide à écrasée.
Seulement un changement d'état.
Pas de quoi s'affoler !

Son pied droit se pose majestueusement sur la marque jaune.
Le casse-noix arrive à grands pas...

IL a pourtant essayé de trouver un peu de couleur dans sa vie. Mais à quoi bon... Dès qu'**IL** mettait un peu de jaune, de rouge, de vert ou de rose, quelqu'un se faisait un plaisir de le barbouiller à nouveau de noir...

« Tu as écouté les infos ? La guerre arrive ! Et les impôts augmentent encore ! La vie est de plus en plus chère. Et tu as vu le prix de l'essence ? Même les jeunes ne veulent plus rien faire... Et tous ces étrangers qui viennent mourir sur nos côtes dans des coquilles de noix en guise de bateau ! Toi, tu as de la chance, tu travailles, tu arrives encore à vivre ! »

Tartine de désespoir : matin, midi et soir.

IL a beau rétorquer qu'aujourd'hui, il fait beau, que ça illumine la journée... On lui envole en pleine face radieuse : « ils ont annoncé de la pluie à partir de demain. C'est déjà l'hiver. Avec l'été qu'on a eu... »
IL se bat âprement : « mais l'été n'est pas fini ! Noël, c'est encore loin ! »
Rien n'y fait : « ouuuu lala, mon pôvre monsieur ! Vous croyez encore au Père Noël ? Et qui peut encore se payer des cadeaux avec les impôts qui augmentent, le prix de l'essence qui grimpe et la grippe qui sera bientôt là... »

Voilà.
Matin, midi et soir. Avec du rab' à la télé, à la radio, en face de lui dans le métro, à sa gauche, à sa droite, devant lui, derrière lui.
IL est encerclé.
Encerclé par le noir.
Envahi par une marée noire humaine.

Voilà comment, devenu monochrome, **IL** se retrouve dans le noir, en haut d'un pont, son pied droit pointure 42 sur une marque jaune fluo.
Dos au mur.
Face au néant.

Jusque là, tout s'est bien passé !
Pas d'embrouille de dernière minute.
Dans les bons films, un justicier masqué arrive pile à ce moment pour sauver le héros d'une mort certaine...

IL attend.

On ne sait jamais...
Au point où **IL** en est, quelques secondes de plus ne changeront rien.

IL attend.

Rien ne semble venir.
On ne peut plus compter sur de bons scénaristes !

Bon. **IL** ferme les yeux. Noir ou noir, autant tirer les stores avant de partir.
IL respire un bon coup.
Et...

Bzzz...Crrr...

Un frisson se faufile le long de sa colonne vertébrale...

IL ouvre un oeil.

Bzzz... Crrr...

IL ouvre l'autre oeil.

Une abeille !!!
Près de sa marque jaune fluo ! À trois heures du matin !!!

De surprise, **IL** sursaute, son pied glisse.
IL se rattrape de justesse...

Crrr... Crrr...

« Je doute que ce soit le bruit d'une abeille... »
IL regarde partout, yeux grands ouverts.
IL sursaute à nouveau.
Quelque chose monte le long de sa jambe droite.
Quelque chose vient de frôler sa main droite.
Quelque chose grimpe sur son épaule !
IL tourne la tête et fait soudainement face à un écureuil !
Un écureuil à poils blancs. Avec des yeux bleus. Un bleu profond, aussi profond que la piscine où **IL** allait nager de temps en temps...

Alors là, c'en est trop !!
IL tente de faire descendre l'écureuil sans lâcher pour autant la rambarde.
L'abeille ne cesse de lui tourner autour et entreprend de lui explorer les cavités nasales.

Tout à coup, tout lui revient en tête... Sa misérable vie, sa non-moins misérable mise en scène de belle mort, la marque jaune fluo, le pont, les douze mètres de hauteur, le mètre cinquante d'eau et surtout, surtout... Son allergie aux abeilles !!!
Mourir d'un oedème de Quincke après piqûre d'abeille ou tête la première depuis un pont : **IL** avait choisi le pont !

L'abeille, invitée de dernière minute se moque pas mal du scénario initial et continue son exploration.

« Maudite abeille ! »

IL s'aperçoit à cet instant qu'invectiver, même rageusement une abeille à trois heures du matin, ne sert qu'à l'attirer un peu plus près. **IL** entame donc une bataille sans merci face à l'intruse. **IL** tente de l'assommer du revers de la main. La main gauche. La main droite. Puis les deux mains en même temps ! Oubliant à la fois sa position périlleuse, les raisons qui l'ont poussé ici et...l'écureuil !

Un écureuil très agile, même à une heure aussi tardive.
Un écureuil aux yeux bleus et au pelage blanc.
Un écureuil avec de jolies dents.

IL a l'honneur de se rendre compte du tranchant de si jolies dents puisque l'écureuil vient de les lui planter dans le mollet droit.

Plus de main droite.
Plus de main gauche.
Plus de pied droit.
Ne reste que le pied gauche pointure 42 (soit 27,5 centimètres de long), se dandinant sur une trace jaune fluo particulièrement glissante.

Il n'en faut pas plus pour comprendre que la chute tant désirée devient inéluctable.

IL choit.

Oh, pas la tête la première, comme prévu.
Pas de saut de l'ange, comme prévu.
Pas héroïquement, comme prévu.
Mais piqué par une abeille et mordu par un écureuil blanc aux yeux bleus.
Ça, aucun scénariste n'aurait pu le prévoir.

IL tombe.

IL se remémore ses calculs.
12 mètres, 1mètre 50, 3 heures, 93 kilos, pointure 42.

À sa grande surprise, **IL** ne tombe pas dans l'eau.
IL touche le sol.
Lourdement.
Sur le dos.
La chute lui a semblé plus courte que prévu...
Sous le choc, **IL** perd connaissance.

La dernière image : un écureuil aux yeux bleus et au pelage blanc, penché sur lui et s'adressant à une abeille :

- Ça y est, on l'a eu ! Il est tombé du bon côté...

Noir complet.

Le vent s'engouffre dans les arbres de la vallée. Il virevolte, passant de feuille en feuille pour le salut du matin.

C'est le matin.

À vivre ici, on ne prête plus attention aux matins.. Ils se ressemblent tous puisqu'ici, il fait toujours jour !
Et pourtant, chaque matin est unique. C'est la visite du vent à ce moment précis, qui indique à tout le monde que le matin est arrivé. Et, selon l'humeur du vent, la « journée » sera joyeuse, maussade, colorée, vive ou reposante.

Ici : point de nuit.
Ici : point de jour.
Pas de soleil dans le ciel... Un ciel dont la clarté paisible et pénétrante recouvre la moindre parcelle de vie.
Un ciel d'un bleu profond.
Un ciel sans imperfection.

Un ciel pur.
Un ciel de Lumière.
Aucun soleil.
Aucune étoile.
Aucune lune.
De la Lumière pure.
Le vent mène la danse pour chaque jour, chef d'orchestre d'un temps figé dans une nature à l'équilibre.

Il a bien fallu créer des semblants de jour, pour que les nouveaux venus ne soient pas trop désorientés... Le voyage est déjà périlleux... Et ne plus voir le soleil, ça perturbe !
Il y en a qui s'habituent plus vite que d'autres. Mais en règle générale, ils ont besoin de ce frêle repère. Au moins au début de leur séjour.

« Aujourd'hui », le vent est à la fois taquin et câlin.
Il soulève en riant aux éclats les quelques vieilles et grandes feuilles qui passent leur temps à commérer entre elles.
Il entoure d'un courant protecteur une famille naissante, tremblante dans l'ombre de leur mère.
Il hulule pour faire peur aux feuilles ayant décidé de faire l'école buissonnière. Il visite tout le monde. Il s'amuse à ébouriffer tout pelage, tout plumage, à caresser toute fragile brindille.

Et il finit toujours sa course folle du matin contre les falaises abruptes qui entourent la forêt. Dans les aspérités de la roche, son passage donne naissance à un accord parfait de sons enchanteurs, véritables carillons du bonheur.

Le « la » est donné.

Toute vie s'éveille.
Les fleurs ouvrent leurs bras, déplient leurs pétales vers la Lumière.
Les animaux baillent en choeur et s'activent à leur labeur.

Il y a longtemps, très longtemps, comme il n'y avait ni jour, ni nuit, tout le monde vaquait à ses occupations sans discontinuité.
Il faut préciser qu'ici, nul n'a besoin de manger, de boire ou de dormir.
La Lumière nourrit.
La Lumière abreuve.
La Lumière apaise.
Dès l'instant où l'on fait corps avec elle, elle remplit chaque organisme et distille l'énergie strictement nécessaire au bon développement de chacun.

Les nouveaux arrivants étaient très perturbés par cette activité incessante. Le vent tempêtait de voir tant de désordre. Il prit les choses en main et créa une « mise à jour » avec réveil par le carillon du bonheur.

« Aujourd'hui » est un jour un peu particulier.
On attend quelqu'un.
Un seul.
D'habitude, ils arrivent par petits groupes de trois ou quatre.
Aujourd'hui, juste un.
Le vent a annoncé la nouvelle lors de son passage du matin. Il l'a carillonné sur tous les toits ! C'est donc dans une effervescence palpable que tous les habitants de la vallée se préparent à l'arrivée de « quelqu'un ».

Les feuilles se parent de leurs plus belles couleurs...
Les oiseaux bouchent quelques trous çà et là, avec des morceaux de brindilles gentiment mis à disposition par leur haie voisine...
Les poissons peaufinent leur balai de bienvenue...
Les insectes virevoltent dans un ordre strict et maîtrisé...

La Lumière s'invite également à la fête et s'apprête à donner un feu d'artifice particulièrement coloré. Pour se faire, elle demande de l'aide au petit arc-en-ciel qui prend son bain dans la cascade.
Être sollicité par LA Lumière... Le petit arc-en-ciel ne se le fait pas demander plusieurs fois !!! Il bondit hors de la cascade, part tout mouillé prêter main forte à la

Lumière. La cascade propose, elle aussi, son aide. Elle se met à gonfler, gonfler... Elle produit ainsi une écume d'un blanc éclatant, devenant un superbe voile de mariée.

On n'avait jamais vu dans la vallée de tels préparatifs.
Mais qui attend-on avec tant de liesse ?
Qui est ce « quelqu'un » ?
Qu'a-t-il de si particulier pour bénéficier d'une parade aussi prestigieuse ?

Seule la coccinelle à dix points s'interroge. Il faut dire qu'elle a la réputation d'être d'une insatiable curiosité, et donc d'une poseuse de questions invétérée ! Elle détaille tout.
Point par point.
Son voisin le criquet s'agace un petit peu de ces innombrables questions. Mais le criquet n'est pas là depuis longtemps. Il a encore à apprendre... Tous les autres habitants de la vallée connaissent la coccinelle. Et tous les habitants de la vallée répondent patiemment, calmement à toutes les questions qu'elle se pose. Jamais d'énervement, jamais d'impatience. Tout se fait paisiblement, tranquillement, dans une harmonie parfaite...

Aujourd'hui, personne ne sait. Et ça, c'est du jamais vu dans la vallée !

La coccinelle, inquiète que personne ne puisse lui répondre, part à la recherche de l'écureuil. C'est lui qui s'occupe des nouveaux, dès leur arrivée.

Il est très particulier, cet écureuil.
C'est le seul qui parle directement avec la Lumière !
La Lumière parle à tout le monde, en fait. Et tout le monde lui parle, mais tout se passe sans avoir à émettre un son. Une pensée envoyée et hop, la réponse arrive par la même voie. Un paradis pour la coccinelle qui a toujours une question dans la tête.
Un peu frustrant aussi... Car la Lumière envoie parfois les réponses avant que les questions ne soient formulées...
Mais avec l'écureuil, ce n'est pas pareil... Il semble avoir un rapport particulier avec la Lumière.
Un jour, la coccinelle l'a surpris, assis sur un rocher et s'adressant directement à un mince filet de Lumière blanche. À voix haute ! Et toute leur conversation se faisait à voix haute !!!
Est-ce le pelage blanc de l'écureuil qui lui permet de parler à la Lumière blanche ?
Un autre jour, il s'adressait directement à un morceau de ciel bleu.
Est-ce que ce sont les yeux bleus de l'écureuil qui lui permettent de parler à ce morceau de ciel bleu ?

Dans la vallée, tout le monde se parle, « pour de vrai ». Mais quand quelqu'un veut communiquer avec le Ciel, la Lumière, l'Eau, la Terre ou le Feu, il pense. Au début, cela demande beaucoup de concentration. Il faut penser très fort à ce que l'on veut dire, mais sans le dire... C'est difficile ! Puis avec l'entraînement, ça vient presque tout seul, sans y penser !

Un jour, la coccinelle essaya de parler « pour de vrai » à l'eau du ruisseau. Elle se concentra, elle ouvrit sa toute petite bouche, et...un minuscule jet d'eau jaillit puis se jeta dans le ruisseau pour ne faire qu'un. La coccinelle, surprise, prit alors toutes ses pattes à son cou et s'enfuit. Elle ne voulait pas cracher à la tête du ruisseau...

Finies les expériences pour elle : tout du moins les tentatives de « parler », même au moindre petit morceau de ciel bleu !

« Mais où se trouve l'écureuil, se demande la coccinelle, en regardant dans les moindres recoins. Ah ! Le voilà qui arrive de la petite clairière, encore accompagné de son amie l'abeille.

Cette clairière... C'est celle qui est normalement réservée aux atterrissages... »

La coccinelle, très curieuse, commence lentement et discrètement un vol stationnaire, s'élève du sol de quelques centimètres pour voir...

Un arbre échoué...

Un être échoué...

« Quelqu'un » !

IL gît là.
Dans une mousse d'un vert éblouissant, d'une texture douce et invitant à la sieste...
IL n'est pas ébloui.
IL semble faire la sieste.
Sur le dos, nez au vent, bras en croix.
Sa poitrine se soulève.
Régulièrement.

Une feuille tombe.
Lentement.
En se balançant.
Elle semble vouloir ralentir sa chute pour mieux apprécier la descente.
Une feuille de hêtre.
Elle tombe.
Pile sur le visage de l'être allongé.

Une main vient soudainement s'abattre sur le visage.
Voulait-elle écraser un insecte imaginaire ?
Elle écrase un nez bien réel.

Geste généreux, douleur copieuse, réveil en sursaut.
Après le saut, le « sur-saut ».
IL sursaute.
IL se retrouve soudainement en position assise.
IL se tient le nez.
Un nez déversant un liquide rouge sang sur l'éblouissante mousse verte.
Peu sensible à cette ébauche picturale, **IL** vocifère.
Très sensible à la douleur nasale, de plus en plus lancinante, **IL** gronde comme le tonnerre.

Son regard croise la petite coccinelle à dix points, jusque là très attentive aux faits et gestes de ce « quelqu'un ».
Apeurée par tant de violence sonore, la coccinelle amorce une délicate translation latérale afin de s'éloigner au plus vite de la horde de décibels.

En voyant l'insecte volant, **IL** crie de plus belle.
IL se souvient !
Le pont...
La marque jaune...
L'abeille...
L'écureuil...

IL se lève d'un bond, lâche son nez et regarde, tout autour de lui...
12 mètres, 1 mètre 50, 3 heures, 93 kilos, pointure 42.
IL ne devrait pas être en vie !

IL ne devrait pas être là !
Pas la peine de se pincer pour savoir qu'il ne rêve pas : l'état de son nez en est la preuve irréfutable !
IL sait donc qu'il ne rêve pas...
Que s'est-il passé ?

« L'écureuil m'a mordu, je suis tombé, et... »

- Ah Je vois que tu es réveillé !

« Quelqu'un a parlé ! Ouf ! Je vais pouvoir avoir une explication. Cette personne saura me renseigner », se dit **IL**.

- Bienvenue ici, dit la voix. Avant tout, je te prie de bien vouloir m'excuser de t'avoir mordu. Il était primordial que tu arrives dans cette vallée, précisément, afin de poursuivre ton Chemin.

IL se retourne.
Personne.
IL baisse la tête.
Comme d'habitude.
Tout le monde ne mesure pas 2 mètres et 2 centimètres comme lui !

Devant lui, campé sur ses deux pattes arrières : un écureuil.
À poils blancs, soyeux.

Aux yeux bleus, pénétrants.
Juste au-dessus de la tête de l'écureuil : une abeille.

IL balbutie.
IL fait un pas en arrière.
Puis un autre.
IL se retourne et court, court, droit devant lui, le plus loin possible de cette vision cauchemardesque.
IL fuit à travers bois.
IL tombe de nombreuses fois.
IL se relève aussitôt.
Des branches lui fouettent le visage. Des toiles d'araignées s'enrubannent dans sa chevelure. Des cailloux rentrent dans ses chaussures. Des fougères humides lui trempent ses bas de pantalon.

Le bois s'épaissit, s'obscurcit.

IL s'arrête.
À bout de souffle.
Debout.
À bout de tout.

IL regarde précautionneusement autour de lui...
Aucun bruit.
Aucun frémissement.
Aucun souffle d'air.
Personne ne l'a suivi.
IL peut s'asseoir. Observer. Écouter.

Au fur et à mesure que sa respiration prend un rythme plus tranquille, son esprit s'active.

« 12 mètres, 1 mètre 50, 93 kilos, mon pont. Tout prévu, jusqu'au moindre détail. Pas de parachute. Pas de cascadeur. L'assurance de réussir ! Et me voilà poursuivi par un écureuil qui parle !
Où suis-je tombé ?
Où suis-je ??
Sous le pont ? Au paradis ? En enfer ?
Et en plus, j'ai horreur de la forêt !!! »

IL tourne en rond dans sa tête.
IL répète inlassablement les mêmes phrases.
Encerclé dans son délire, **IL** perd la raison.

Adossé à un chêne, **IL** finit par s'endormir.

Un frisson parcourt la forêt.
Plus personne ne bourdonne, chante, roucoule, cancane, pépie, brame, ulule, stridule, nasille, babille ou zinzinule.
Tous les habitants de la forêt suspendent leurs bavardages.
Le frisson devient bruissement. Il avance. Il glisse, il ondule, il roule, il dévale les pentes puis enveloppe cette masse sombre endormie aux pieds du roi de la forêt.

IL ne se réveille pas.
Un matelas de chitine se glisse sous son corps inerte.
Un drap de mandibules le borde.
IL est soulevé du sol. De quelques millimètres. Porté par des centaines de milliers de petites pattes, **IL** se déplace. Allongé. Endormi.
IL se déplace à la vitesse de croisière de 18 mètres par heure.
En temps normal, c'est la vitesse pour une température ambiante extérieure de 10 degrés. Aujourd'hui, il fait 24 degrés, comme tous les jours.

IL devrait donc aller plus vite.. Mais pour transporter 93 kilos de chair fraîche quand on ne pèse que 15 milligrammes, il vaut mieux être plusieurs, bien synchronisés et ne pas se précipiter.
Elles sont toutes là. Elles ont toutes répondu à l'appel de l'écureuil aux yeux bleus et au pelage blanc pour servir de tapis marchant...

Des milliers de fourmis...

Admirable spectacle que cette langue sombre léchant la végétation dans le seul but de déménager un être endormi.

Retour dans la petite clairière.
La lente traversée du bois à dos de fourmis s'est faite sans encombre, sous la direction précise de l'écureuil aux yeux bleus et au pelage blanc.
IL ne s'est rendu compte de rien.
Le léger roulis dû au transfert a même encouragé son sommeil.
IL repose sur la mousse verdoyante.
IL respire paisiblement.

Tout le monde est là.
L'écureuil aux yeux bleus et au pelage blanc, bien sûr.
L'abeille, évidemment.
La coccinelle à dix points, son voisin le criquet, et tous les habitants de la vallée...

Ils sont tous là.
Attentifs à chaque respiration, à chaque mouvement du nouvel arrivant.

IL bouge. De temps en temps.
IL marmonne en dormant.
IL secoue la tête.
IL se gratte un bras.
Puis l'autre.
IL ronfle. Ce qui a pour conséquence de faire sursauter Pépita, la tortue. Elle aussi commençait à somnoler. « Par solidarité », dit-elle en bâillant...
IL se retourne soudain, pour adopter une position plus confortable sur son lit de mousse.
IL tousse.
IL reprend sa position sur le dos.
IL étire les bras.
IL ouvre un oeil.
Un seul. Qu'**IL** referme aussitôt.
IL s'étire de tout son long, comme un chat.
IL ouvre à nouveau un oeil, plus longuement.
Le referme.
IL se tourne sur le côté.
IL ouvre les deux yeux à la fois.
Son regard se porte sur le buisson de fougères, juste à côté de lui.
Puis sur le papillon posé nonchalamment sur une fougère. Puis sur la coccinelle qui semble discuter avec le papillon.

IL ferme les yeux.
IL se retourne de l'autre côté.
IL ouvre soudainement les deux yeux. Ensemble. Son regard croise un regard bleu. D'un bleu profond, aussi profond que la piscine où **IL** allait nager de temps en temps...
Autour des yeux bleus, un lumineux pelage blanc.
Sous les yeux bleus, un large sourire.
Celui d'un écureuil.

IL s'assoit.
Étourdi par ce geste précipité, **IL** défaille. **IL** prend sa tête dans ses deux mains, prend une grande inspiration...
Puis **IL** hurle.
Hurle de peur, hurle de colère, hurle d'incompréhension, hurle de rage, hurle de décompression, hurle d'indignation, hurle de vie...

Sa voix part.
S'enfuit devant ce mur de colère. Elle profite de cet ultime haussement de ton, glisse dans le silence de la clairière et prend le premier courant d'air venu.
Elle part.
Loin.

IL perd sa voix de vue.
IL ouvre la bouche.
Plus rien ne sort.

IL ouvre les yeux en grand.
Un spectacle pénètre alors son regard.
Autour de lui : l'écureuil, l'abeille, la coccinelle, le papillon, une tortue, un âne, une chouette, un cheval blanc, une maman ourse avec ses deux oursons, une biche, un renard, des pies et de nombreux autres animaux.
Tous, souriants et attentifs à ses moindres gestes, le dévisagent.

LUI.

D'habitude, seuls ses 202 centimètres attirent le regard. Aujourd'hui, **IL** est assis et des dizaines d'yeux sont braqués sur **LUI**.
Sa tête tourne. **IL** tente, une dernière fois d'émettre un son. Sa voix est belle et bien partie ! **IL** aimerait la suivre... Mais un bataillon de fourmis l'encercle, des animaux l'encerclent, la forêt l'encercle.

IL lève les yeux au ciel, cherchant, en désespoir de cause, une aide providentielle là où jamais **IL** n'aurait pensé la trouver.

Brusquement, **IL** se sent léger... Aussi léger que sa voix évaporée... **IL** s'élève dans les airs. De plus en plus haut ! **IL** vole !!
La clairière devient de plus en plus petite, les animaux réunis deviennent fourmis.

IL cesse de monter, **IL** se sent enveloppé par un courant d'air chaud qui l'emporte vers une Lumière intense, à l'orée de la forêt.
IL distingue une vallée. **IL** la survole.
L'espace d'une fraction de seconde, **IL** se sent bien.
Puis **IL** voit ses pieds.
42.
42, 12 mètres, 1 mètre 50, sa misérable vie, sa phobie de la forêt, son allergie aux abeilles et son vertige...

IL perd de l'altitude.
Instantanément.

Les arbres grossissent rapidement. Les habitations, le lac, la rivière, la falaise aussi.
IL tente de redresser la barre. **IL** secoue les bras. **IL** comprend très vite que ce geste ne fait qu'accélérer sa chute.
IL repense à sa tentative d'envol du haut du pont.

IL perd à nouveau de l'altitude.
Instantanément.

À présent, **IL** peut voir les moindres détails de la vallée. Ah ! Une cascade... **IL** ne l'avait pas remarquée... Elle grandit, grandit, grandit...
IL rebondit contre le mur d'eau.
Sonné mais encore conscient, **IL** peut apprécier son amerrissage avant de s'échouer sur la berge.

IL rampe hors de l'eau.
Réminiscence d'un passé lointain où une semblable reptation fut à l'origine de la vie sur Terre...

Pris en étau entre deux sentiments, **IL** s'assoit au bord de l'eau. D'un côté, une immense légèreté lui rappelant son « vol » entre la clairière et la rivière, et de l'autre, l'incompréhension totale de ce qui lui arrive. Tout lui semble pourtant très réel... Son nez sanguinolent, sa voix perdue, et, à présent, ses habits trempés et dégoulinants...

Une coccinelle le sort de ses réflexions.
Elle tourne autour de lui, méfiante. **IL** décide de ne pas bouger. Au point où **IL** en est ! **IL** se résigne : **IL** accepte que la coccinelle se pose sur lui. Ce qu'elle fait avec une délicatesse toute particulière. Elle se pose sur son genou. Elle a bien sûr remarqué qu'**IL** la regardait... Elle se tourne vers lui, se campe sur ses pattes arrières et...

- Quel joli vol ! Si tu veux, je pourrai t'apprendre quelques rudiments d'atterrissage... Si tu préfères l'amerrissage, le pélican pourra t'aider !

IL tressaute. La coccinelle parle !

« J'aurais du m'en douter ! » pense **IL** en haussant les épaules d'un signe de lassitude.

- Évidemment que je parle ! répond la coccinelle. Comme toi, d'ailleurs !

- Mais je n'ai rien dit ! formule sa bouche sans émettre un son...

- Pas besoin d'une grosse voix pour se faire entendre ! Et puis tes hurlements sont si désagréables... C'est bien mieux ainsi !! J'espère que tu vas te plaire ici. Il y a tant de choses à voir, à apprendre, à...

- Betty ! Cesse d'importuner notre invité ! Il faut l'excuser... Notre Betty est intarissable !

IL tourne la tête et se rend compte que tous les animaux présents dans la clairière forment à nouveau un cercle autour de lui. Et, en tête du peloton : l'écureuil aux yeux bleus et au pelage blanc.
Betty, la coccinelle, piquée au vif par la réflexion de l'écureuil croise deux paires de pattes, tourne le dos et boude...

- Comme je le disais tout à l'heure : bienvenue ici ! Le séjour parmi nous démarre sous des auspices prometteurs. Un vol, d'entrée de jeu !!! Normalement, cette délicate discipline fait l'objet de leçons bien plus avancées !

IL prend sa tête entre les mains.
« Seul, je veux être seul ! Où est MON pont ? Où est MA mort ? Où est MA voix ? Où suis-je ? »

- Ces questions sont normales...

- Mais je n'ai rien dit !!! crie **IL** sans voix... Je l'ai juste pensé ! Vous lisez dans les pensées ? Laissez-moi, laissez-moi, laissez-moi !!! Qu'est ce que j'ai fait pour mériter ça ????

L'écureuil offre un large sourire puis s'en va, suivi par tous les habitants de la vallée venus aux nouvelles.

IL reste seul. Au bord de l'eau.
Seul avec une coccinelle sur le genou gauche.
Elle n'a pas bougé d'une antenne.

- Qu'entends-tu par « mon pont » ? Tu as un pont à toi ? Il est haut ? demande la coccinelle.

IL se bouche les oreilles.

- Pourquoi tu fais ça ? Ça ne sert à rien ! Tout le monde sait que ce n'est pas avec les oreilles qu'on entend... Ton pont ne te l'a pas appris ?

IL s'allonge, ne laissant pas le choix à la coccinelle, contrainte de prendre son envol. **IL** ferme les yeux, pensant trouver le sommeil pour se réveiller et sortir enfin de ce cauchemar.

- Pas la peine d'essayer de dormir. Tu ne dormiras pas. Ici, personne ne dort. C'est comme ça ! Et tu veux savoir pourquoi ?

IL soupire. Bruyamment. Un soupir chargé de colère, de lassitude, d'envie d'écraser le moindre petit insecte, de casser le moindre caillou, quitte à se faire mal et même mieux, pour se faire mal !

- Penses-tu être la meilleure personne pour te faire du mal, et à quoi cela te sert-il ? demande la coccinelle en s'éloignant de lui.

IL respire. Enfin ! Plus personne qui lui parle.
Plus personne qui déchiffre ses pensées.
Plus personne qui s'occupe de lui...
Tout ce qu'**IL** voulait depuis son arrivée ici.
Et tout ce qui l'avait conduit jusqu'en haut du pont !

IL se redresse.

« La meilleure personne pour me faire du mal ? Bien sûr que oui ! Je sais exactement ce qui peut me faire du mal. Au moins, je ne suis pas déçu... Comme ça,

c'est plus facile de supporter le mal que me font les autres... Un vaccin, en quelque sorte !
À quoi ça me sert ? Être plus fort ! Et peut-être que quelqu'un lèvera les yeux vers moi et me demandera comment je vais. Peut-être. Enfin, je crois.
Et pourquoi elle me dit ça, cette coccinelle ? Et d'abord, pourquoi je parle avec une coccinelle ??? »

IL change de position, pensant changer de réflexion.
Ses pensées forment un nuage d'étourneaux. Elles virevoltent, elles jasent, sans repos.
Un moment passe.
Sans faire de bruit.
IL lui semble une éternité.
IL regarde son poignet.
Machinalement.
Pas de montre.
IL n'avait pas prévu de revenir... Alors prendre sa montre lui avait paru presque déplacé !
« Comment savoir l'heure ? Aucune horloge dans les environs, aucun soleil pour se repérer, juste cette Lumière omniprésente... Comment font-ils pour connaître l'heure, pour être à l'heure ? Ni en retard, ni en avance, juste à l'heure ! »

IL déplie tous ses centimètres. **IL** décide de partir à la découverte de ce lieu étrange où, semble-t-il, **IL** devra rester un moment...

IL remonte la rivière, sur la berge, jusqu'à la cascade. Elle est beaucoup plus grande qu'**IL** ne l'avait vue de là-haut !
Là-haut...
Pour la première fois de sa vie, l'espace d'un instant, **IL** s'était senti bien. En apesanteur dans son corps et dans sa tête...

Comment se fait-il qu'**IL** ait rebondi sur la cascade comme une vulgaire bille contre un mur ?

IL s'approche du mur d'eau.
IL prend un caillou par terre puis le jette en direction du rideau d'eau.
Le caillou le traverse sans observer la moindre résistance.
IL s'approche un peu plus...
IL se penche... Tend son bras, se hisse sur la pointe des pieds et touche l'eau du bout des doigts.
Mouillée.
Et froide.
IL renouvelle l'expérience en s'étirant au maximum sans chuter dans la rivière. **IL** frappe avec son poing la chute d'eau. **IL** manque de tomber. Le poing a tapé l'eau puis a rebondi comme s'il avait rencontré un mur invisible.

- Tu ne pensais quand même pas, dès le premier jour pouvoir réussir le test de la cascade ?

IL se retourne.

Betty, la coccinelle, s'approche.

- C'est beaucoup trop tôt ! Tu viens tout juste d'arriver !

- Qu'est ce que le test de la cascade ? articule **IL**.

- Pas la peine d'essayer de parler ! Ta voix est partie ! Il suffit de penser à ce que tu veux dire et hop ! Ça va que j'aie l'ouïe fine, pour te comprendre. Parce que tes pensées ne sont pas très claires... Il y a beaucoup de parasites !

« Pour qui elle se prend, cette donneuse de leçon ? Ce n'est pas une minuscule coccinelle qui va m'apprendre à parler ! » pense **IL** en serrant les poings pour ne pas être tenté de l'écraser.

- Je t'ai entendu !!! Puisque c'est comme ça que tu prends les choses... C'est bien de ma faute aussi ! Donner des conseils à quelqu'un qui n'en demande pas... L'écureuil n'arrête pas de me le dire ! Cette fois, j'ai compris ! Je te remercie pour la leçon, c'est gentil à toi !!!

Et elle part, un sourire accroché aux antennes, ravie d'avoir compris sa leçon.

IL se retrouve seul, les bras ballants, les poings serrés, la bouche ouverte, les yeux écarquillés de surprise.
« Elle me remercie ??!! Je l'envoie promener et elle me remercie !!! Où suis-je donc tombé ??? »

IL lance un dernier regard interrogateur vers l'intrigante cascade, lui tourne le dos puis remonte le sentier qu'**IL** avait repéré d'en haut.

« L'unique route de la vallée, semble-t-il... Plutôt qu'une route, un sentier ! Tout juste la largeur d'une voiture ! Comment font-ils pour se croiser ? »

Le sentier monte en ligne droite vers une petite colline. **IL** distingue au loin un arbre majestueux. **IL** arrive rapidement en haut de la côte.
Un chêne de trente mètres de hauteur, droit et fier...
Au beau milieu du chemin ! Plus précisément, le chêne prend toute la largeur...
Un tronc épais, rassurant, puissant. Bloquant le passage. De chaque côté : une pente abrupte.

« Et bien ça alors ! Quelle idée de planter un chêne juste au milieu de la route ! Comment font-ils pour passer ? »

IL s'approche, perplexe.
IL se penche.

Sur le côté droit, pour tenter de distinguer ce qui se cache derrière l'énorme tronc.
Un bruit intense de feuillage balayé par le vent se fait entendre.
IL manque de trébucher, repoussé avec vigueur vers le milieu du chemin.

IL se penche.
Sur le côté gauche.
Un bruit intense de feuillage balayé par le vent se fait à nouveau entendre.
IL manque encore de trébucher, repoussé avec vigueur vers le milieu du chemin.

IL fait un pas en arrière. IL fonce. Comme une flèche. Sur le côté.
Le choc est terrible. IL vient de se cogner contre le tronc. Contact rugueux, musclé, n'invitant à aucune négociation.
IL se frotte le nez, une nouvelle fois mis à mal.

« L'arbre a bougé ! L'arbre a bougé ! Je continue de rêver !?! »

IL s'avance plus doucement.
Se penche...et constate que le tronc se penche autant que lui.
Pareil de l'autre côté...

« Il ne veut pas me laisser passer !! Ce n'est pas un maudit arbre qui va m'empêcher d'avancer... »
IL entreprend de tambouriner le tronc du chêne.

- Est-ce qu'au moins, tu lui as demandé ? dit une voix qu'**IL** connaît bien maintenant.

IL s'arrête de frapper.
Betty se pose sur son épaule.

- Ne fais pas comme si tu ne m'avais pas entendue...

- Que veux-tu dire ?

- Est-ce que tu as demandé à l'arbre si tu pouvais passer ?

- Depuis quand faut-il demander l'autorisation ? À un arbre, en plus !! Ne me dis pas qu'il a des oreilles !!!

- Depuis qu'il est Sentinelle. C'est à dire depuis toujours. Et il a plus que des oreilles...

- Quoi ? Une parabole ? Un GPS ? lance **IL** en s'esclaffant.

- Ne plaisante pas, c'est très sérieux !! répond Betty en prenant son envol.

Devant l'air grave de la coccinelle, **IL** rit encore plus, s'accroupit en se tenant le ventre.
Soudain une nuée de branches et de feuilles l'entoure et l'emprisonne dans un violent tourbillon. **IL** se cache le visage, fouetté par le cyclone végétal.

Le calme revient avec autant de violence.

- Je t'avais prévenu !!! Ce n'est pas parce que tu ne comprends pas et que tu ne crois en rien qu'il faut te moquer...

Betty s'en va.
IL reste à genou. Devant le chêne redevenu calme.

« Je ne crois en rien, moi ? Sentinelle ? Demander à l'arbre ? Et comment on parle à un arbre ? Ma voix est partie, la cascade n'a pas voulu de moi, plus personne ne vient me voir et maintenant, cet arbre qui ne veut pas que je passe... C'est toujours la même chose ! Ici ou ailleurs... »

Las de toutes ces questions, **IL** s'adosse au tronc. **IL** rumine. **IL** ferme les yeux un instant. **IL** sent un frémissement dans son dos. Quelque chose bouge. Une douce vibration qui lui fait du bien. **IL** sourit d'aise. **IL** commence à se détendre. **IL** s'apprête à ouvrir les yeux pour voir d'où provient cette agréable sensation.

- Non, pas tout de suite !
- Betty ? Quoi, « pas tout de suite » ?

- N'ouvre pas les yeux tout de suite...

- Et j'attends quoi maintenant ? C'est comme ça qu'on parle aux arbres ? Les yeux fermés ?

- C'est un bon commencement, répond une voix masculine. Une voix grave, posée qui impose une écoute attentive et respectueuse.

- Qui êtes-vous ? demande **IL**, en gardant les yeux fermés.

- Nous nous sommes déjà rencontrés. Nous ferons plus ample connaissance plus tard. Pour l'instant, écoute...

La voix se tait.

- Écoute quoi ? demande **IL**.

- Garde les yeux fermés et écoute. Dis-moi ce que tes oreilles captent. En ce moment précis.

- Rien.

- Es-tu vraiment sûr ? Concentre-toi. Écoute.

- Les feuilles. J'entends les feuilles bouger.

- C'est bien... Écoute encore !

IL, rassuré de capter quelque chose, se prend au jeu et tend un peu plus l'oreille.

- On dirait que les feuilles chuchotent...

- Que disent-elles ?

- Elles chantent !?! Et les branches, elles craquent un peu !

- Est-ce que tu entends l'écorce ?

- Hum, l'écorce ?

IL se concentre encore un peu plus, en plissant les yeux.

- On dirait qu'elle pleure...

- Maintenant, tout en gardant les yeux fermés, touche tout doucement cette écorce qui pleure.

IL se retourne, se met debout et pose délicatement ses grandes mains sur le tronc.

- Que ressentent tes mains ?

- C'est rugueux. C'est dur. C'est ni froid ni chaud. Il y a des creux, des bosses. Et... Oh !!!

- Oui ?

- J'ai senti bouger !! L'écorce a bougé sous ma main ! C'est... C'est... Une vibration, une ondulation... Comme quand on caresse quelqu'un !

- Que ressens-tu d'avoir senti l'écorce bouger ?

- Ma main vibre. Caresser quelqu'un que l'on s'apprête à aimer... Je sens cette vibration qui m'envahit jusqu'aux pieds.

- Maintenant, les yeux fermés, les mains restant sur le tronc, concentre-toi sur l'odeur.

IL, guidé par la voix et prenant de plus en plus d'assurance, ouvre grand les narines.

- Je sens l'odeur de terre fraîchement retournée. D'herbe coupée... Comme quand mon voisin tond son gazon ! Mais là, c'est plus discret...

- À présent, rassemble le bruit venu de tes oreilles, la sensation venue de tes mains et l'odeur venue de ton nez. En même temps.

- Je n'y arrive pas !

- Respire lentement. Tranquillement. Ressens ces éléments un par un. Chacun se rajoutant au précédent. Le son...

- Je l'ai !

- La vibration dans tes mains. Avec le son.

- Ça y est !!!

- Puis le parfum...

- Ça alors ! J'ai l'impression d'être moi-même un arbre !!!

- Maintenant, ouvre les yeux, lentement, tout en gardant les sensations précédentes.

IL a la tête qui tourne. Tout se bouscule... Le chant des feuilles, les pleurs de l'écorce, ses frémissements, l'odeur agréable et ce superbe chêne qu'**IL** enlace comme **IL** n'a jamais enlacé auparavant... Avec une totale attention...
IL sent une larme glisser sur sa joue. **IL** se délecte de son goût salé.

- À présent, regarde autour de toi, reprend la voix.

IL a du mal à rompre le contact avec l'arbre. **IL** recule un peu. Et observe. **IL** se trouve de l'autre côté ! **IL** a traversé ! La cascade et la rivière se trouvent à présent derrière le chêne !!!

- Comment cela est-il possible ? Je n'ai pourtant rien demandé ! Betty ? Regarde ! J'ai réussi !!!

- Ah ! Le langage du coeur, il n'y a rien de mieux ! s'exclame fièrement la coccinelle en arrivant à tire d'aile.

- Le langage du coeur ? demande **IL**.

- En te concentrant sur tes sens et non sur tes idées, tu es entré en relation avec l'arbre. Il a lui-même ressenti tes émotions. Tu l'as écouté. Il t'a écouté. Vous vous êtes reconnus ! répond la voix.

IL regarde dans sa direction...
L'écureuil ! À poils blancs et aux yeux bleus...
Cette voix rassurante, c'était lui !...

IL ne sursaute plus.
IL ne détale plus à toute vitesse.
IL sent une soudaine petite chaleur en lui.

- Acceptes-tu que je te fasse visiter notre vallée ? lui demande l'écureuil.

IL ne répond pas. **IL** sourit. Ce sourire semble suffire à l'écureuil qui sautille sur le Chemin, en direction du village.
Derrière le chêne Sentinelle, le Chemin monte encore un peu. Plus que quelques pas et **IL** se trouve au point culminant de la vallée. **IL** s'arrête. Devant lui s'étend une vallée évasée, bordée d'une épaisse forêt, quelques habitations se fondent parfaitement dans la nature paisible. Le Chemin qu'**IL** empruntait jusqu'à maintenant est le seul de la vallée. Vu de haut, **IL** constate qu'il forme un « 8 », dessiné avec précision. La base du « 8 » repose sur la clairière où **IL** a atterri. Le sommet du « 8 » est coiffé de la Sentinelle. Les deux boucles du « 8 » sont parfaitement symétriques.

IL respire profondément. La vision de ce spectacle à la fois sauvage et harmonieux, l'apaise.

L'écureuil attend patiemment qu'**IL** reprenne ses esprits.

- D'ici, nous avons une des plus belles vues... Hormis la vue aérienne que tu connais déjà... D'habitude, le départ du Chemin se fait par la clairière que tu peux distinguer au loin. La clairière, étant la zone d'arrivée classique. Il semble que tu aies choisi de sortir des sentiers battus...

- Je n'ai rien choisi du tout ! s'insurge **IL**. Depuis le début, je subis !

- C'est ce que tu ressens. Et c'est normal.

- C'est la vérité !!

- C'est une vérité... Le Chemin saura t'éclairer sur ce sujet. Et sur bien d'autres sujets encore...

- Le Chemin ?

- Oui. Ton Chemin, répond l'écureuil en désignant la vallée. Par quel côté veux-tu commencer ? Tu as le choix. Sache qu'il sera respecté, quel qu'il soit.

- Il y a un piège ? Une récompense ? Une note à l'arrivée ? demande **IL**, un brin sarcastique.

- Tu es ton propre piège. Tu es ta propre récompense. La meilleure note est l'harmonie... Quel côté ?

Devant l'aplomb de l'écureuil, et, comprenant que son humour habituel ne semble pas avoir de prise, **IL** ne répond pas et se dirige directement vers sa gauche.
IL entame le début de la boucle supérieure du « 8 ».
IL marche.
À son rythme. Ne se préoccupant pas de celui de l'écureuil.

Le Chemin tourne.
IL tourne aussi.
Ses pensées également.
Depuis la Sentinelle, **IL** n'a croisé personne. Betty n'est pas revenue.

« Ça ne change pas de d'habitude... Tout le monde voit mon double mètre, mais personne ne me remarque », pense **IL**.

- Il faudrait savoir ce que tu veux !

- Betty !!

- Je t'ai manquée ?

-Euh.. Non, non ! Je me demandais juste où tu pouvais être à cette heure-ci...

Soudain, **IL** se retourne et cherche du regard l'écureuil.
Personne derrière lui ! Une légère anxiété l'envahit.

« Je l'ai semé ! Avec mes grandes jambes, j'ai marché vite. Et je ne l'ai pas attendu ! Où est-il ? »

IL entreprend de rebrousser chemin. Au moment où **IL** fait le premier pas, **IL** sent son pied se coller au sol, à ne plus pouvoir le bouger.
IL est immobilisé.

- Ah ! J'ai omis de te préciser qu'une fois sur le Chemin, on ne peut plus reculer... Mais je vois que tu viens de t'en rendre compte. C'est encore mieux ! dit l'écureuil en sautillant. C'est quand même gentil à toi de t'être préoccupé de moi...

- Et comment je fais, maintenant ? demande **IL** avec une pointe de rage dans la « voix ».

- Il suffit que tu veuilles du plus profond de ton être poursuivre ton Chemin, dans le sens que tu as choisi. Concentre-toi sur ce que tu veux, et non sur ce que tu peux ; tout comme tu as réussi à ressentir le chêne tout à l'heure.

IL ferme les yeux. Respire profondément. S'imagine dans l'autre sens.

- Ça y est !!! Tu y es arrivé !!!! s'exclame Betty, ravie.

IL rouvre les yeux. Non seulement **IL** se trouve dans le sens initial de la marche, mais en plus, **IL** se trouve à quelques dizaines de mètres plus loin !

- Bien, c'est très bien ! Tu apprends vite... Tu sembles doué pour les déplacements à grande vitesse... As-tu profité du paysage, au moins ?

- Du paysage ? Je n'ai croisé personne. Je n'ai rien vu d'autre que la forêt...

- Hum... Si les vols et les survols te sont familiers, l'observation est à travailler !

- Pff ! À quoi bon regarder la cruauté du monde dans lequel je vis ? répond **IL** en haussant les épaules. Pour se faire encore plus de mal ?

- As-tu mal en ce moment ? demande l'écureuil.

- Je suis mal, donc j'ai mal ! Pourquoi ne voulez-vous pas le reconnaître, une bonne fois pour toute ! s'énerve **IL**.

Puis **IL** reprend son Chemin, laissant sur place Betty et l'écureuil.

IL avance.
Sans se retourner.
Sans cesser de ruminer.
Les mains au fond des poches.
Son pied gauche shoote dans un caillou qui reposait tranquillement sur le Chemin.
Un joli caillou.
Qui n'avait pas du tout l'intention de prendre de l'altitude aujourd'hui...

- Je sens que tu es en colère ! Elle est sûrement justifiée...

IL s'arrête d'un coup. Cette voix, **IL** ne la connaît pas...

- Te sens-tu soulagé à présent ? Est-elle partie ?

- Qui me parle ?

- J'espère qu'elle est partie... Sinon, ça n'aurait servi à rien que tu m'aies propulsé aussi loin !!!

- Le caillou ??? Les cailloux parlent aussi ?

- Évidemment ! Quelle question !! Tu viens d'arriver ? Veux-tu bien m'aider à retrouver mon Chemin ?

- Je suis vraiment plus minable que je le pensais... Même les cailloux ! Je leur fais du mal, soupire **IL**...
- Ce sont des choses qui arrivent... Tu as été submergé par tes émotions... Maintenant, tu choisis : soit tu restes en colère et triste ou tu te fais une joie de t'aider à me remettre sur le Chemin !

- Moi ? ME faire une joie de M'aider...à T'aider ???

- Ainsi, tu contenteras deux personnes : toi, avant tout, et moi !!

- Comment faire ? demande **IL**, un peu inquiet.

- Rien de plus simple : pose tes yeux sur moi, comme si c'était la première fois que tu voyais un caillou. Laisse-toi surprendre. Laisse-moi te toucher. Et ensemble, nous nous aiderons.

- Mais je ne te vois pas ! Je t'entends, mais je ne te vois pas !!

- C'est sûr que si j'étais dans ta chaussure, sous la plante de ton pied, tu me trouverais plus aisément !

« Toucher... Mes sens !! C'est comme pour le chêne ! »

IL respire profondément. Au bout de trois respirations, **IL** se sent moins contrarié, moins sous pression. **IL** peut à présent se concentrer sur ce que ses yeux voient, sur ce que ses mains ressentent.
IL se met à quatre pattes.
IL ne pensait pas avoir envoyé le caillou si loin...
Après avoir parcouru plusieurs mètres dans cette position, **IL** trouve le caillou.
IL sent instantanément une vague chaude de bonheur l'envahir.
IL a réussi !
IL tient précieusement le caillou dans sa grande main, le porte à hauteur de ses yeux.

- Où veux-tu que je te pose ?

- Wouahh ! Quel spectacle vu d'ici !!! Le caillou n'en croit pas ses minéraux... C'est tout simplement extraordinaire d'être à cette hauteur ! Tu peux voir loin, tu peux toucher les feuilles les plus hautes, tu peux sentir le vent sur ton visage, tu peux toucher les étoiles, tu peux murmurer à l'oreille des nuages !!... Quelle chance tu as !!!

- Tu crois vraiment ? Être à cette hauteur, comme tu dis, implique aussi se cogner la tête à chaque porte, prendre les toiles d'araignées en pleine figure, se baisser tout le temps, ne pas être comme les autres !! Être sans cesse montré du doigt n'est pas agréable...

- Depuis quand le doigt est-il le plus qualifié pour dire si tu es quelqu'un de bien ou pas ? Pourquoi lui prêter alors autant d'attention ? Moi, je n'ai pas de doigt et pourtant je peux te dire que tu es quelqu'un de bien !

- Tu parles ! Quelqu'un qui t'a projeté à des dizaines de mètres de ton Chemin...

- Et qui s'est arrêté pour m'écouter, et qui s'est baissé pour me regarder, et qui m'a fait découvrir un paysage que, sans lui, je n'aurais jamais découvert !!

- Tu ne vas quand même pas me remercier, toi aussi ?? Me remercier d'avoir été violent avec toi !

- Oui, tu as été violent. Je te remercie simplement de t'en rendre compte et de te demander, pour la prochaine fois, si cette violence t'est nécessaire.

- Promis, la prochaine fois, je m'attacherai les pieds pour ne pas te taper dedans !!! ricane **IL**.

- Et tu seras violent avec toi, une fois de plus, soupire le petit caillou.

IL ne répond pas.
IL vient de recevoir un coup de caillou.
Un seul.
Violent. Comme un coup de pied.
Précis. Comme une flèche au beau milieu d'une cible mouvante.
IL sent sa gorge se serrer.
Sa voix, la cascade, Betty, l'arbre, l'écureuil, et maintenant le petit caillou... Et tant d'autres avant de se retrouver en haut du pont !
Combien de personnes **IL** a-t-il fait souffrir gratuitement parce que lui se faisait souffrir ?
Combien de portes se sont refermées à cause de son humour mouillé d'acide ?
Combien d'invectives **IL** a-t-il prononcées à sa propre encontre ?
Bourreau des autres.
Bourreau de lui-même.
Bourreau d'un petit caillou.

IL regarde le petit caillou de plus près. Si petit et si dur... **IL** constate que le caillou est blanc d'un côté et noir de l'autre.

- On est arrivé ! lance le caillou.

Perdu dans ses pensées, **IL** ne s'est pas rendu compte du chemin parcouru.
IL arrive sur une sorte de place où trône un majestueux chêne.
Au pied du chêne, un banc.
Sur le banc, l'écureuil, assis.
À côté de lui, Betty, la coccinelle.
IL sourit.
IL leur sourit.
IL se surprend à être heureux de les revoir.
Tout comme **IL** est heureux de tenir précieusement dans sa grande main, un trésor de petit caillou.
IL ouvre sa main.

- Regardez ce que j'ai trouvé !

Betty se rapproche, en vol parfaitement maîtrisé.

- Oh mais c'est Norbert ! s'exclame-t-elle.

- Bonjour Betty ! Je viens de vivre une aventure fabuleuse ! J'ai volé !!! Comme toi !!! C'était génial !! Et après, j'ai pu voir de haut tout le Chemin jusqu'ici !

Le petit caillou est transcendé. Il parle, il parle, il décrit passionnément son aventure avec bon nombre de superlatifs...
IL le dépose délicatement sur le banc, à côté de Betty revenue se poser. Norbert continue son récit, Betty l'écoutant attentivement.

L'écureuil se tourne vers **IL**.

- Je crois que tu viens de te faire un ami !
- Il était sur mon Chemin. Nous sommes entrés en collision, en quelque sorte...

- Ah ! Ces petits cailloux disséminés sur le Chemin... Au début, on n'y prête pas attention sauf quand ils rentrent dans une chaussure ! Et pourtant ! Les suivre nous évite souvent bien des détours...

IL détache son regard de Norbert et Betty, toujours en grande conversation, et observe l'endroit où **IL** se trouve.
IL se remémore le « 8 », décrit par l'écureuil en haut de la colline. La boucle qu'il vient d'emprunter finit là où une autre commence, exactement au pied du banc sur lequel **IL** est assis...

- Où sommes-nous ? demande **IL**.

- Nous sommes ici au coeur de ton parcours. Nous sommes à la croisée des Chemins, répond l'écureuil, souriant. Cet endroit est très particulier...

- On ne dirait pas ! Par rapport à la cascade et à la Sentinelle, tout paraît « normal » !

- C'est justement parce qu'il paraît « normal » que cet endroit est si singulier... Tu n'en rencontreras pas d'autre dans la vallée... D'ici, tu peux voir le Chemin que tu as parcouru, d'où tu viens. Si tu te penches un petit peu, tu pourras entrevoir le Chemin que tu peux à présent poursuivre.

- Il y en a deux ! précise **IL**.

- Effectivement, confirme l'écureuil. Tout comme il y avait deux chemins pour arriver jusque là... La Sentinelle t'a laissé le choix, tout à l'heure. Tu as à nouveau le choix... Tu peux retourner vers la Sentinelle ou tu peux continuer ta route par la droite ou par la gauche...

- Je n'ai jamais eu autant le choix de toute ma vie !

- Détrompe-toi, tu as toujours eu le choix. Mais dis-moi, as-tu vraiment voulu saisir l'opportunité à chaque fois qu'elle t'était donnée ?

- Je n'ai pas choisi de naître, je n'ai pas choisi d'être ici !

- Tu as choisi de monter sur le pont... Tu as donc choisi d'être ici. Par contre, tu ne l'avais pas prévu ! Pour ce qui est du choix de naître, nous en reparlerons un peu plus tard... Alors, où veux-tu aller ? demande l'écureuil en se relevant.

IL semble ne pas l'entendre, plongé dans ses pensées...
« **IL** a toujours eu le choix ?
Le choix de sa taille ?
Le choix de ses petits pieds ?
Le choix de ses voisins bruyants ?
Le choix de ses parents absents ?
Le choix de ses amours fuyantes ?
Le choix de ses amitiés décevantes ? »

Un léger vrombissement près de son oreille le sort de sa torpeur.
Betty s'impatiente :

- Tu as choisi ?

- À ton avis, toi qui connais bien la vallée, quelle est la meilleure direction ?

- La meilleure direction sera celle que tu choisiras, toi !

- Et si tu étais à ma place, laquelle choisirais-tu ?

- La même !

IL commence à perdre patience.
Comment savoir ?
« Puisque c'est comme ça, je vais jouer à pile ou face ! Noir, je retourne vers la Sentinelle, blanc, je continue. »
IL saisit Norbert, le caillou. Le lance très haut, le rattrape d'une main, le pose dans son autre main. **IL** regarde.
Le caillou ne tient pas en place... Il sursaute à intervalles réguliers...
IL prend soudainement peur. Norbert semble pris de convulsions !

- Hic ! Hic ! Hic ! scande Norbert.

- Ça va ? demande **IL** inquiet.

- Génial ! Hic ! C'était super ! Hic ! J'ai volé... Hic ! Encore plus haut... Hic ! J'ai... Hic ! Le hoquet... Hic ! Encore ! Hic ! Encore ! Hic !

- Je crois que tu vas devoir trouver la réponse à ta question ailleurs, dit l'écureuil.

- Où donc ? bougonne **IL**. Il n'y a personne autour de nous à qui demander !

- Et si tu demandais aux personnes les plus qualifiées en matière de route ?

- Bison futé ? raille **IL**.

- Demande à tes pieds ! s'exclame Betty.

- Mes pieds ??

IL ne lui serait jamais venu à l'esprit de demander à ses pieds !! Trop petits pour lui permettre de se tenir debout avec assurance... Alors, vous pensez, prendre le bon Chemin...

- Aïe ! crie **IL**.

- Qu'y a-t-il ? demande Betty.

- Mes pieds... Ils piquent !

- Oh, je crois qu'ils ne sont pas contents !

- Comment ça ?

- Tu n'arrêtes pas de dire du mal d'eux ! Ils manifestent ! Demande-leur gentiment de t'emmener sur le bon Chemin, fais-leur confiance et remercie-les !

IL sautille sur place, les pieds particulièrement mécontents.
« Au point où j'en suis... Après avoir caressé un arbre, parlé à un caillou, je peux bien suivre mes pieds... »
IL présente ses excuses aux intéressés et leur demande de prendre le bon Chemin pour lui.
IL se rend compte de tout ce qu'**IL** a fait endurer à ses pieds sans jamais avoir eu un seul regard pour eux... Ils le portent depuis si longtemps sans rien dire !
IL prend conscience que chaque partie de son corps a son importance. Ses longs bras, ses grandes mains, son long cou, ses petits pieds, son ventre un peu dodu... À chacun des fonctions précises ; des spécialistes hautement qualifiés qu'**IL** a souvent mal qualifiés...

Les pieds se calment.
IL ne sautille plus.

Betty, l'écureuil et Norbert attendent.
IL démarre.
Un pied devant l'autre.

IL prend le Chemin sur sa gauche.
IL poursuit sa route. **IL** sent que c'est le bon choix. Son choix.
IL en est certain.

En marchant d'un bon pas, **IL** se surprend à sentir ses bras bouger en rythme, son ventre se contracter, sa tête se relever, son regard se porter loin devant. Ses pieds mènent la danse. **IL** reprend corps. **IL** reprend vie avec son corps, dans son corps. Ce compagnon de tous les instants qui mérite toutes les attentions...

La route défile. **IL** regarde autour de lui et découvre la beauté des arbres, l'équilibre des maisons. **IL** croise des animaux qui lui sourient. Alors **IL** leur sourit... **IL** se sent étrangement léger...

Sur le bord du Chemin, Pépita, la tortue, s'étire de toute sa carapace après une courte sieste. Lorsqu'**IL** arrive à sa hauteur, elle lui demande si elle peut se joindre au cortège.
IL n'a jamais été autant sollicité !!
C'est avec une certaine joie qu'**IL** saisit Pépita et la place bien confortablement au creux de sa grande main gauche. Elle pourra ainsi à loisir observer de haut le paysage sans ralentir la marche du groupe.

Du haut de ses 202 centimètres, **IL** a un avantage très net sur ses compagnons : **IL** voit beaucoup plus loin.

IL est donc le premier à apercevoir la silhouette élégante d'un animal qu'**IL** ne pensait pas du tout croiser ici. Mais comme ici, tout est possible !...
Étonné, **IL** s'arrête.

- Mais quelle mouche t'a donc piqué ? s'étonne Betty.

- Qu'elle est belle ! s'exclame **IL**.

- Qui ça ?? demande Pépita, réveillée en sursaut.

IL reste sans voix.
D'une part parce qu'**IL** n'en a plus, et d'autre part parce que la beauté de ce qui se passe sous ses yeux empêche tout commentaire.

Une girafe !
De grandes pattes élancées, un cou gracile, une robe tachetée. L'élégance même.

IL se rapproche lentement, pour ne pas effaroucher le bel animal.

- Ah ! Mais c'est Gertrude, la girafe !! crie Betty avant de s'envoler vers elle.

- Gertrude ? dit **IL** d'un air de dégoût.

L'écureuil, qui n'a rien raté de la scène demande :

- Tout va bien ?

- Euh... Oui, oui. Tout va bien, balbutie **IL**. Je ne m'attendais pas à...

- Un tel prénom ?

- Oui, je l'admets.

- Comment doit-on s'appeler pour être beau ?

- Je ne sais pas... Mais...

- Mais tu la trouves un peu moins belle, tout à coup ?

- Disons que...

- Viens, je vais te présenter !

IL ne peut faire autrement que d'accepter la rencontre. À la fois subjugué par la grâce de la girafe et freiné par ce prénom qu'**IL** trouve particulièrement ridicule...

- Bonjour ! susurre Gertrude, d'une voix grave et envoûtante. Je suis ravie de te rencontrer...

- Bon-bonjour ! bafouille **IL**.

À peine les premiers mots prononcés, **IL** tombe sous le charme de Gertrude. Une longue conversation commence, sous le regard amusé de l'écureuil...

Bien plus tard, c'est avec difficulté qu'**IL** prend congé de Gertrude.

- Alors, est-ce que tu trouves Gertrude moins belle qu'au premier regard ? demande l'écureuil.

- Disons qu'elle n'est pas comme les autres... Elle sort de l'ordinaire, son prénom aussi !!!

- Toi qui souffres de ne pas être « ordinaire », tu as réussi à le devenir !!

- Comment ça ?

- Tu as réagi à son prénom comme toute personne « ordinaire » le faisait avant qu'elle ne vienne ici...

IL s'arrête.
IL se rend compte que d'où **IL** vient, avant le pont, **IL** était « girafe » : trop grand pour être normal, trop risible car trop visible, trop repoussé avant d'être apprécié, pré-jugé avant d'être entendu...

En quelques minutes seulement, **IL** était devenu celui qui rit, celui qui repousse, celui qui juge, celui qui n'écoute pas...

Et pourtant, après avoir échangé quelques mots avec Gertrude, **IL** avait vu toute la bonté qui animait cette grande dame, ainsi que sa beauté intérieure...

Si elle n'avait pas fait le premier pas, combien de mots aurait échangé **IL** avec elle ?

Aucun.

Par le passé, combien de mots avait échangé **IL** avec des inconnus venus vers lui ?

Aucun.

Car personne n'était venu...

Et combien de fois **IL** s'était lui-même soustrait à l'intérêt que de rares personnes lui montraient ?

De nombreuses fois, de trop nombreuses fois...

- Ne t'inquiète pas, c'était « avant » ! rassure Pépita, revenue dans la grande main...

IL sursaute... **IL** a décidément du mal à se faire à l'idée que les autres entendent ses pensées...

- Si tu ne veux vraiment pas que l'on t'entende, dis-le !! précise Norbert.

- Mais il ne faut surtout pas que ça empêche tes pieds d'avancer ! rajoute, rieuse, Betty.

IL se prend au jeu.

- Attention, attention, le convoi en partance pour « plus loin » va bientôt démarrer. Acccrrrochez vos ceintures, Mesdames et Messieurs... Tchou ! Tchou !

Le convoi démarre : **IL**, Betty, Norbert, Pépita et l'écureuil.
IL se surprend à s'amuser... **IL** mime une locomotive, en imite les moindres bruits. **IL** jongle avec Pépita et Norbert, pris tous deux d'un hoquet entrecoupant des rires enfantins...
Un nuage de joie se développe autour d'eux, s'élève dans les airs et inonde la forêt de bonheur...
De nombreux habitants de la vallée se pressent le long du Chemin pour profiter de cette onde fraîche de gaieté. Tout le monde prend part au convoi.
IL se trouve ainsi à la tête d'une longue file de wagons vivants, emportés dans une symphonie de cliquetis et de grincements...
« Tchou ! Tchou ! »
IL actionne le sifflet imaginaire de la locomotive devenue bien réelle.

- Attention, attention ! Arrêt d'urgence ! Un hérisson se trouve au milieu de la voie !!

C'est dans un bruit de crissement et dans une confusion totale que le convoi tente de s'arrêter. L'accident est inévitable... Chacun heurte celui qui le précède. Le train déraille.

Silence.

IL gît à terre.
Dans son dos, se sont entassés tous les étourdis qui n'avaient pas vu que la locomotive freinait.
Heureusement, **IL** a le dos large...
IL lance un regard vers le magma de bras, de pattes, de jambes et d'antennes.
Inquiet...
Aucun bruit.

IL ouvre les mains.
Pépita est cachée au fond de sa carapace.
Saine et sauve.
Norbert, le caillou, n'est plus là...
Le nuage de joie se dissipe.

Betty survole la catastrophe ferroviaire.

Tout le monde se relève peu à peu...
Tous indemnes. Bien sûr...
IL est soulagé. Pas de blessé.
Mais **IL** a peur.
Peur de leur colère.

Peur que son imprudence déçoive.
Peur d'être rejeté, alors qu'**IL** commençait enfin à se sentir accepté.
Peur de...

- Hic, hihihi ! Hic, hihihi !

IL essaie de localiser le bruit. Plus qu'un bruit, un espoir... **IL** aperçoit soudain Norbert, dans les airs, qui monte, puis descend et remonte... Comme monté sur ressort, derrière un buisson de houx...

- Hic, hihihi ! Hic, hihihi !

IL s'approche, le sourire aux lèvres en entendant Norbert se tordre de rire.
Fort de son expérience avec Gertrude, **IL** ne fait aucune supposition quant à ce qui peut se passer derrière le buisson piquant.
IL se penche.
IL ouvre grand les yeux devant...

Un clown.
Aussi petit qu'**IL** est grand.
Aussi blond qu'**IL** est brun.
Des cheveux aussi bouclés et indisciplinés que les cheveux d'**IL** sont plats et raides.
Un gros nez rouge, aussi rouge que le visage d'**IL** est pâle.

Des pieds aussi grands que les pieds d'**IL** sont petits...

Le clown jongle.
Une balle noire, une balle blanche, et Norbert, le caillou blanc et noir, dansent dans les airs au rythme de ses hoquets joyeux.

IL enjambe le buisson et s'approche du clown.
IL se frotte les yeux, bat des paupières frénétiquement.
IL a beau regarder très attentivement, l'image du clown est voilée. Le clown est presque transparent...
Et quelle tristesse dans ses yeux !
IL appelle mentalement Betty. Elle se pose sur son épaule.

- C'est Paulo ! précise Betty. Il est arrivé peu de temps avant toi !

- Il ne vit pas dans la vallée ?

- Depuis qu'il est parmi nous, il attend derrière ce buisson piquant. C'est son choix, ajoute Betty en haussant des ailes... Seul l'écureuil a réussi à parler avec lui ! Un peu comme toi au début...

C'est au tour de **IL** de hausser les épaules...
IL se sent comme attiré par ce clown au regard triste.

- Tu crois que je peux lui parler ? demande **IL**.

- Seul ton coeur peut répondre à cette question ! énonce la voix douce de l'écureuil venu aux côtés de **IL**.

IL sait.
IL sent.
Aucun doute.
IL s'avance vers Paulo. Tout à coup, **IL** butte contre un mur invisible aussi dur que la cascade. **IL** n'insiste pas et reste à bonne distance.

- Bonjour ! lance **IL**.

Paulo ne répond pas. Il jongle. Balle noire, balle blanche, Norbert.
Il reste concentré. Balle noire, balle blanche, Norbert.

- Bonjour ! répète **IL**, plus fort.

Paulo continue. Balle noire, balle blanche, Norbert.

- Il n'entend pas ? demande **IL** à l'écureuil.

- Il ne peut pas !

- Pourquoi ?

- Il est très concentré ! N'as-tu rien senti en t'approchant de lui ?

- Je n'ai pas pu m'approcher de lui ! Quelque chose m'empêchait ! Il pourrait quand même s'arrêter de jouer, s'arrêter de jongler un moment...

- Paulo est un enfant. S'arrêter de jongler pourrait avoir de fâcheuses conséquences pour lui, selon quelle balle tombe alors au sol...

- Ce n'est qu'un enfant et ce ne sont que des balles !

- Une balle noire, une balle blanche. La Mort, la Vie...

- Et Norbert ? Comment le délivrer de cette torture ?

- Regarde bien cet enfant. Il jongle avec la Vie et la Mort. Regarde-le bien. S'il te plaît, demande doucement l'écureuil.

IL regarde le clown.
Un clown triste, un enfant abandonné à l'intérieur d'un voile de tristesse. Un enfant qu'**IL** reconnaît.
Un voile qu'**IL** reconnaît.
IL se sent tout à coup envahi par le même voile.
Celui-là même qu'**IL** portait en lui en haut du pont.

Un voile que personne n'avait vu l'englober, l'asphyxier...

Une larme timide s'invite dans les yeux d' **IL**.
Puis une autre. Et encore une. Le barrage explose.
IL devient île dans un océan de larmes...

Paulo jongle, sans relâche.
Balle noire, balle blanche, Norbert.

- Pourquoi Norbert est là ? demande **IL**, en reniflant.

- Paulo a pris Norbert, pensant réduire la probabilité de laisser tomber la mauvaise balle. Oh, il a déjà eu bien plus de trois jouets entre les mains ! Plus il en avait, plus il se sentait proche de la Vie ! Mais plus il prenait le risque de faire tomber et la balle noire et la balle blanche... Norbert est aussi le petit caillou qui t'a mené à Paulo.

- Je peux aider Paulo ?

- Le veut-il ?

- Je ne sais pas, il ne m'entend pas !

- La meilleure façon de s'aider est de se rencontrer... chuchote l'écureuil.

IL réfléchit. Des fois, **IL** aimerait secouer l'écureuil qui ne fait que lui répondre par énigme. Mais **IL** s'est rendu compte, depuis qu'**IL** était ici, que la solution était bien souvent en lui...

« La meilleure façon de s'aider est de se rencontrer... Se rencontrer... La Sentinelle... Norbert... Pépita... Gertrude... Il a fallu que je les rencontre... Se rencontrer ! »

IL ne réfléchit plus, ne pense plus. **IL** écoute son coeur. **IL** crée.
IL s'avance au plus près du mur invisible, le regard fixé sur Paulo. **IL** pose délicatement ses mains, une à une sur le mur. Un frisson le parcourt, un vent frais danse entre ses mains, le voile apparaît, ondule puis part dans les airs...
IL croise enfin le regard de Paulo.
Ils se rencontrent.
La balle noire, la balle blanche et Norbert changent de mains. Norbert en profite pour s'échapper et roule à terre.
La balle noire et la balle blanche passent des petites mains de Paulo aux grandes mains de **IL** et inversement. Les gestes sont exactement les mêmes. Les yeux ne se croisent plus, ils sont Un.

IL sent monter en lui une force jusque-là ignorée.

La balle noire suspend son vol, la balle blanche la rejoint et leur union explose en l'air...
IL touche les mains de Paulo. Une lente énergie passe de l'un à l'autre. Circulaire, douce, apaisante. Paulo sourit. **IL** sourit. Ils se mettent à sourire, puis à rire, à rire, à rire !!!! Des rires d'enfants retrouvés, d'enfants sauvés.
Et c'est toute la vallée qui rit à son tour, heureuse de cette joie retrouvée...

IL présente à Paulo ses compagnons de route : Betty, Pépita, et bien sûr Norbert qui a retrouvé sa place confortable dans le creux de sa main.

Tout le monde est prêt pour reprendre la route !
Le train repart !! Avec à son bord deux passagers supplémentaires : Paulo, le clown joyeux et bien sûr, le hérisson à l'origine du carambolage...
IL trouve le Chemin plus court, plus facile, plus large... Les voilà déjà arrivés à la Croisée des Chemins ! La boucle inférieure du « 8 » se termine.
IL n'a pas vu la route défiler !!
IL sent l'écureuil s'approcher de lui.

- Encore une fois, tu as le choix... Refaire une boucle, ou poursuivre en direction de la Sentinelle... Tu es capitaine !

- Je ne peux pas décider pour tous les gens qui sont à bord ! Ils ont leur propre Chemin, eux aussi ! répond **IL**.

- Ils ont fait leur Chemin. Et ils ont fait le choix de t'accompagner sur une partie du tien...

- M'accompagner ? Moi ??

- Bien sûr ! Tout comme tu accompagneras un jour quelqu'un sur son Chemin...

- En serai-je capable un jour ?

- Trouve ta voix et ta voie apparaîtra, dit l'écureuil avant de disparaître.
- Encore une énigme ! soupire **IL**.

À l'arrêt de la Croisée des Chemins, le train s'est quelque peu vidé. Paulo est là, bien sûr, tout sourire ; Betty virevolte ici et là ; Pépita est repartie voir son amie Gertrude ; Norbert est dans la poche de **IL**.
IL décide de remonter le Chemin qui doit le mener vers la Sentinelle. Et peut-être vers la fin de cette aventure...
IL sait au fond de lui que cette décision est la bonne.
IL repart, serein, confiant, tous les sens en éveil.

La route se fait sans problème, rythmée par les pirouettes de Paulo, les questions de l'infatigable Betty et les brèves apparitions de l'écureuil.

Au milieu d'un tournant, **IL** ralentit, attentif... Ses compagnons tendent l'oreille également...
Une douce mélodie les appelle, les embrasse, les envoûte... Ils avancent en silence, leurs coeurs battant à l'unisson.
Sur leur droite, un peu plus loin, une harpe.
Majestueuse.
Joue.
Seule.
Les cordes vibrent sous la houlette d'un musicien invisible. Une voix l'accompagne dans un duo féérique. La mélodie qui s'échappe traverse peau, plumes et poils en tout genre pour ne toucher que le coeur...
Cette voix, juste et mélodieuse, **IL** la reconnaît.
Elle s'était enfuie. Plaquée contre le mur de colère qui s'était élevé en lui, elle avait pris la clef des champs.
IL ne l'avait jamais entendue ainsi...
IL la connaissait jusque-là maugréant, vociférant, hurlant... Jamais chantant. **IL** ne chantait pas. Croyant chanter faux, **IL** s'était tu. Privant ainsi sa voix d'un vent de liberté...

La voix s'arrête de chanter.
La harpe continue de jouer.

- Quelle belle voix es-tu devenue !! s'extasie **IL**.

- Je ne suis pas devenue. Je suis. J'ai toujours été ! répond la voix dans un souffle.

- Je ne savais pas...

- M'as-tu déjà écoutée ?

- Je croyais que je chantais faux !

Parce que tu ne t'écoutais pas ! Parce que tu ne m'écoutais pas... Pour jouer la même partition, pour être à l'unisson, il faut s'écouter mutuellement. J'en ai eu assez des seuls hurlements teintés de noirceur que tu m'offrais ces derniers temps. J'ai trouvé ici mon amie harpe qui m'a écoutée. Nous nous sommes accordées. Nous vibrons maintenant d'un même choeur...

IL se surprend à sourire. Cette voix qu'**IL** ne trouvait pas belle en lui, explose de beauté et de douceur hors de lui ! Loin de se sentir blessé par cette vérité, **IL** accepte cette nouvelle car **IL** sait. **IL** sait qu'**IL** a changé. **IL** sait qu'à présent, **IL** préfère entendre sa voix heureuse sans lui que malheureuse avec lui.
C'est donc soulagé et heureux qu'**IL** accepte de laisser sa voix...libre !

« Trouve ta voix et ta voie apparaîtra... » avait dit l'écureuil !
IL constate qu'il vient de trouver les deux...
Et c'est en chantant à tue-tête avec Paulo qu'IL poursuit sa route...

IL aperçoit au loin l'écureuil, adossé au chêne, la Sentinelle, campé au milieu du Chemin.

- Je reviens au point de départ ? interroge IL.

- Un même arbre pour un autre départ, répond l'écureuil.

- J'aimerais parler au chêne...

- J'allais t'y inviter !!
IL s'avance, ferme les yeux et pose ses mains sur le tronc. IL sent aussitôt une émotion l'envahir. IL ne la retient pas. IL ne se bat pas. Ni contre elle, ni contre le chêne, ni contre lui-même. IL accepte sa présence sans lutter.
L'émotion passe.
IL rouvre les yeux. IL est passé de l'autre côté...
Heureux.

IL retrouve la rivière dans laquelle IL avait plongé dès son arrivée. IL n'avait alors pas remarqué

combien l'eau était transparente et chantante... **IL** n'avait pas vu non plus le superbe voile blanc dont la rivière s'était parée pour l'accueillir...
IL se rend compte qu'**IL** n'avait rien vu...
Aveuglé par sa colère, son amertume, sa jalousie, ses complexes, ses doutes, ses regrets, **IL** n'avait pas vu la beauté qui s'offrait à lui. Lui qui pensait n'être que 202 centimètres et 93 kilos de chair sans importance !

À présent, **IL** se sent devenir enfin...quelqu'un.

Betty, la coccinelle le sort de ses pensées en se posant sur sa joue.

- Maintenant, tu peux y aller !

- Aller où ?

- À la cascade ! Depuis le temps que tu veux y aller... Tu es prêt !! Tu peux même y aller comme moi : en volant !!! Je vais te montrer comment on atterrit !

IL éclate de rire, se remémorant son atterrissage désastreux...
IL se retourne à la recherche de Paulo. **IL** ne le voit pas.

- Où est Paulo ? demande **IL,** inquiet à Betty.

- Il est en toi, répond l'écureuil, arrivé discrètement. Cet enfant que tu as retrouvé sous les traits de Paulo ne t'a en fait jamais quitté. Tu l'avais juste perdu de vue... À présent, il vit en toi, il rit en toi, il est toi et tu es devenu lui. Il t'accompagnera, où que tu ailles.

Et comme pour confirmer ces dires, **IL** se met à éclater de rire, malgré lui, et à faire des pirouettes dans tous les sens...

IL devient entier.
IL devient **LUI**.
IL devient...**PAUL**.
Deux lettres de plus pour devenir enfin un Être...

- La cascade nous attend. Viens.

PAUL est escorté par l'écureuil jusqu'au pied de la cascade.

- Tu es prêt. Tends la main, je te prie.

PAUL s'exécute et refait le geste qui, auparavant, lui avait valu une chute mémorable... Il tend la main en direction de l'eau : sa main traverse. Puis il essaie avec le bras. Le bras entier traverse la chute d'eau. Il peut traverser la cascade !

- Qu'est-ce qu'il y a derrière la cascade ? demande **PAUL**.

- Tu te trouves devant une cascade de choix ! explique l'écureuil. Si tu franchis cette cascade, tu partiras retrouver la Vie que tu as voulu quitter, au moment précis où tu avais décidé de la quitter. En haut du pont que tu avais choisi, quelques secondes avant de sauter. Puisque tu n'es plus le même, il est fort à parier que ton choix ne sera plus de sauter... Appelle ça une « seconde chance ». Ton passage parmi nous ressemblera à un rêve dont tu ne garderas que l'essentiel, imprimé au plus profond de ton être. Ta Vie pourra en être complètement modifiée, ou pas, selon tes propres choix. Si tu ne franchis pas la cascade, tu devras suivre la rivière qui t'emmènera plus loin, dans une autre vallée, où tu pourras apprendre, puis aider, accompagner les nouveaux venus. Dans ces vallées, il n'y a pas de cascade comme celle-ci ; le retour n'est prévu que pour des missions bien particulières... Quel que soit ton choix, il sera dans l'instant. Quel que soit ton choix, tu grandiras encore car en toi germe une graine qui te fera devenir...Être.

- Je ne vous reverrai plus jamais ? Betty ? Pépita ? Norbert ? Gertrude ? Cette vallée merveilleuse ?

- Tu as choisi une façon de partir particulièrement violente ; où, victime, tu as rencontré ton propre bourreau : toi. Derrière cette porte de sortie, il existe un monde sombre d'errance, de désespoir et de peurs. Nous t'avons fait venir dans la vallée car elle faisait partie de ton Chemin. Cette vallée n'est ABSOLUMENT PAS un but en soi. Dans l'Amour que tu cultiveras et que tu arroseras chaque jour, tu nous retrouveras. Car nous faisons tous partie d'un même et unique Souffle : la Vie. La Vie dans cette vallée, la Vie sur le pont...
L'Amour est le Chemin.
L'Amour est le TOUT.
Nous sommes une infime partie de ce TOUT.

- Quel choix difficile... soupire **PAUL**.

- Il t'appartient. Ton coeur sait. Écoute-le.

PAUL ferme les yeux.
Toute sa Vie défile en une seconde.
Sa mort aussi.
Délibérée.
Faussement libératrice.
Une erreur.
À présent, il le sait.

PAUL prend une grande respiration.

Il a choisi.

Une brume légère se dissipe.
Une fine gouttelette n'en finit pas de s'étirer.
Puis tombe.
Aussitôt une autre apparaît.
Courbée sur le cil, elle tente de s'accrocher.
Dans le miroir qu'elle offre, une image surgit de nulle part puis meurt sous une nouvelle déferlante salée...

Un point noir se dilate, ajuste sa taille en fonction de la Lumière.
Une paupière le plonge régulièrement dans la chambre noire du désespoir.

Le rouge s'installe en lieu et place du blanc de l'oeil en colère, comme le soleil se couchant sur un horizon d'incompréhension.

Le visage blanc d'une mère meurtrie dans sa chair, se penche pour faire à son fils un dernier adieu.
Allongé dans un berceau de chêne, **IL** ne bouge pas.

Un vent froid de tristesse souffle sur l'assemblée réunie autour du corps endormi.

Une brume légère s'élève dans les airs, laissant à terre larmes et colère...

NOTE DE L'AUTEURE

Août 2014.

En vacances.

Je commence à écrire.

Une petite histoire. Comme bien d'autres fois. Je ressens l'envie d'écrire une histoire légère, imagée, courte.

Le décor arrive contre toute attente : un pont, piste d'envol pour un dernier plongeon. Pour ce qui est de la légèreté, ça laisse à désirer !

Le personnage principal s'invite rapidement sur la page blanche. Pas de prénom. Juste « **IL** » et déjà une certaine personnalité.

Les mots se bousculent, les images se succèdent.

Les vacances touchent à leur fin. L'histoire, elle, n'en est qu'à ses débuts. J'avais dit « courte » ? Et cette irrépressible sensation de devoir la terminer pour début 2015...

Janvier 2015, le titre jaillit du feutre indélébile saisi pour gribouiller tout autre chose : « LA PARENTHÈSE ». Puis le sous-titre : « l'apparente aise ». Ces lettres resteront indélébiles...

Le mois de janvier passe sans que je ne reprenne la plume. Pas envie, toujours une bonne excuse, ne

voyant pas la fin, et pourtant... Toujours cette sensation : DEVOIR terminer La Parenthèse impérativement pour février.
Pendant de nombreux mois, j'écris. Mais La Parenthèse ne s'ouvre pas à moi...
L'aise n'est vraiment qu'apparente.

Décembre 2015 : je me replonge enfin dans le texte, lentement. Je ne sais toujours pas où l'histoire va me mener. Un nouveau personnage arrive : Paulo.
« Février » tourne de plus en plus en boucle dans ma tête.

Un jour, lors d'une conversation avec Christine, une amie devenue proche depuis quelques mois seulement, j'évoque La Parenthèse.
« Étrange ! » me répond-elle. « Le pont... Février... Paulo... On dirait l'histoire de Paul, un ami disparu depuis seize ans déjà... Et son anniversaire était en février ! »

Paulo... Février... Paul... Je blêmis. En août 2014, je ne fréquentais pas encore Christine et ne connaissais rien de la vie de Paul ! Je comprends enfin... Le décor, les personnages, les messages, les visions, la date, et cette histoire qui, dès le début me guide plus que je ne l'écris... « **IL** » sort de l'anonymat...

Mon ego d'apprentie écrivain en prend un coup. Ce sera ma première leçon ! Qu'ai-je vraiment écrit ? Quelle est la part guidée, inspirée ?
Je ne sais pas. Je sais juste que ma plume a permis à Paul de s'exprimer, de délivrer des messages d'Amour, des leçons de Vie. Et j'en suis très heureuse.

Une chose est certaine, son histoire m'a fait grandir dans ma propre histoire, sur mon propre Chemin.
Nul doute qu'elle pourra faire grandir alors chacun d'entre nous.

Les derniers mots seront ceux de Paul. Mots recueillis en janvier 2016, bien après son décès…

Sophie

Un oeil dans le viseur d'un appareil photo, j'appuie, précisément.
Rideau.
Le rideau est tombé sur ma Vie comme on tombe d'un pont glissant.
Une corde m'a retenu mais la corde d'argent s'est rompue. Trop ténue pour supporter le poids de mes tourments. La Vie m'asphyxiait. Je l'ai devancée dans ma mort.
C'était écrit.
Crier n'a rien changé. Croire que je pouvais vivre ainsi torturé n'était qu'une illusion.

JE *suis là.*
Ou plutôt ICI. Comme on le nomme.
Sur Terre, « ICI » est vague et précis à la fois...

SAUVER.
SAUTER.
À une lettre près...
Dans sauVer, il y a Vie.
Dans sauTer, il y a Tort.
Avais-je tort ?
Mes Amis, mes vrais Amis ; mes Amours, mes vrais Amours, pourraient dire OUI.
Ce tort-là, je n'ai voulu le partager avec personne car je me sentais PERSONNE.
Ce tort-là a finalement été un BIEN.

Difficile à croire pour mes Amis, mes vrais Amis ; mes Amours, mes vrais Amours.
Ce BIEN, je l'ai rencontré ICI.
Ce BIEN, a un nom, ICI.
PAUL.
Ce BIEN, bien des lecteurs avertis seront surpris de le découvrir ainsi. J'entends par « avertis » : mes Amis, mes vrais Amis ; mes Amours, mes vrais Amours.
Et pourtant ! C'est ce que je suis devenu au grand jour. Ce que j'étais au fond de moi dans les profondeurs abyssales de mes tourments.
TOUR
MENT.
J'ai menti à beaucoup. Et je suis parti en jouant un sacré tour...
D'où je suis, je ne peux pas mentir.
Je ne peux qu'Aimer.
Aimer ces Amis, ces vrais Amis ; Aimer ces Amours, ces vrais Amours...

Je grandis.
J'aide à présent.
J'accompagne.
Ce que je n'ai pas pu faire avant, je le fais maintenant car c'est mon choix.
Ce choix que je ne croyais jamais avoir, était dans <u>MES</u> mains. Trop près pour que je puisse le voir...

Amis, Amours, votre tristesse <u>sincère</u> n'a plus lieu d'être car à vos chevets, je reste pour vous border d'Amour.

L'Amour est un Chemin.
L'amour est un Destin.
Osez Aimer.
Osez Cheminer vers cette oasis qui vous entoure.
Osez croire en VOUS.
Osez croire en NOUS, car nous sommes là pour toujours.

IL *n'est plus.*
IL *est devenu Amour.*
Pour toujours.

PAUL

« LA PARENTHÈSE »
peut à présent se refermer.

REMERCIEMENTS

Un grand merci...

À Paul, pour sa confiance...

À Christine, pour son amitié précieuse, sa patience, son soutien...

À Maman, Nathalie L., Jade, Danielle, Philippe, Nathalie J., Sandrine, Florent, Mélanie, Estelle, Christiane, Odile, Guy, Michel, pour leurs perspicaces remarques lors de la lecture des nombreuses versions de « LA PARENTHÈSE »...

À Blandine, pour les fréquents sauvetages informatiques...

À Clémence, pour la réalisation de la couverture...

À Antoinette, Maurice, Ève-Line, Tobias, mes guides, pour leur Amour indéfectible...

À Fink, pour sa musique qui m'a accompagnée de la première à la dernière page.

Dépôt légal décembre 2016

www.ingramcontent.com/pod-product-compliance
Lightning Source LLC
Chambersburg PA
CBHW061201040426
42444CB00025B/1831